ज़िक्र-ए-महताब

चाँद , रात और ख़ामोशियाँ

Shefali Nanda

BookLeaf Publishing
India | USA | UK

Made with ❤ on the BookLeaf Publishing Platform
www.bookleafpub.in
www.bookleafpub.com

Dedication

To all those who inspired me and listened to me. For every unspoken feeling that found its voice in these verses.

समर्पित

उन सभी को जिन्होंने मेरे लिखे अल्फ़ाज़ों को सुना , और ख़ास तौर से उनको जिनसे मैं ये लफ़्ज़ कभी कह ना सकी ,अपने जज़्बात कभी बयाँ न कर सकी ।

Preface

ज़िक्र-ए-महताब तन्हाई से सुकून तक एक सफ़र है ।
एक सफ़ेद , बेरंग अकेले से फूल की अपने रंगों को तलाशने की कहानी है ,
ये मेरी तन्हाई का इज़हार भी है, और मेरी तसल्ली का इक़रार भी है।
इस किताब का हर पन्ना एक दरीचा है ; जिससे झाँक कर आप मेरी दुनिया देख सकते हैं ।
जहां चाँद महज़ आसमानी जिस्म नहीं है , बल्कि एक हमसफ़र है ।
ये ऐसे ही लम्हों का सिलसिला है :-
इश्क़ का , ख़्वाहिशों का , एहसासों का ;
यह उन अनकहे जज़्बातों की दास्तान है ।

Acknowledgements

First and foremost I would like to
thank the almighty God .
I would like to convey my
heartfelt gratitude to my father ,
from whom I inherited the
beautiful gift of poetry.
I would like to thank my family
especially my mother who was
the most patient in listening to
all my poems and witnessed this
journey from beginning to end.

I would also like to thank my
friends whose light brightened
my solitude .

This book would be incomplete without your love and presence.

- Shefali

1 . सफ़ेद फूल

रंग - बिरंगे गुलदस्ते में ,
अकेला सा गुमसुम सा है वो ।

दुनिया से मुख़्तलिफ़ हर ताल्लुक़ में ,
बेरंग सा बेचारा सा लगता है वो ।

तितलियों को बहलाने के लिये,
नहीं कोई भी चका- चौंध।

हासिल है बस एक नशीली ख़ुशबू ,
हवाओं में घुल के मदहोश कर दे जो ।

इतना बस , क्या काफ़ी है ? —क्या पता ?
बरसात , धूप ,आँधी के बाद और भी कुछ बाक़ी है ? —क्या पता ?

औरों की तरह दिन को नहीं खिलता ,
वो मुसाफ़िर है रात का ।

अपनी महक से , वो दर्द बाँटता;
साथी सा है , वो अकेले उस महताब का ।

2. सुरूर

बस एक बार और देख लूँ उसे ,
चाहे एक पल ही और सही ।

थोड़ी देर और ठहर जाऊँ,
तेरे नज़दीक यूँ ही ।

मेरे होशों - हवास में रवां है वो ;
हर हिस्से , हर किससे के इख़्तियार है वो ।

दिल कभी भर ही नहीं सकता उससे,
वजूद से जुड़ चुका है अब ।

तू ख़ुमार है , जुनून-ए-जान है ;
तू शुमार है ,नस-नस पे सवार है ।

तुझसे मोहब्बत बेपनाह है ,
दीवानगी की हद तक इश्क़ फ़न्ना है ।

जोगी बन रम जाऊँ तुझे ,
तेरे पहलू से लिपट, ख़ुद में समा लूँ तुझे ।

ज़िद है मेरी , लत बन चुका है अब ;
कशिश तेरी ज़िक्रों की वजह है सब ।

फ़ितूर सा बसता जा रहा जुनून तेरा ,
शम्मा की तरह परवाने को जलाता जा रहा है।

खुली आँखों से देखा ख़्वाब है तू ,
बंद पलकों से महसूस किया अज़ाब है तू।

ज़िक्र तेरा लाज़मी है हर गुफ़्तगू में,
नुमाइश ही वजह लगने लगी अब जीने की ।

चाहत में तेरी मैं हो जाऊँ निगूँ,
क़ैद कर तुझे शायद मिल जाए सुकूँ।

इस जिस्म में कम सी होने लगी हूँ मैं ,
अक्स तेरा ही नज़र आता हर आईने में ।

3. ये प्यार तो नहीं है ना ?

हाँ माना कि ,
तेरी आहट सुनने को ,
तरसता है ये दिल ,
पर ये प्यार तो नहीं है ना ?

हाँ माना कि ,
तुझे देखने को ,
बेचैन रहती हैं ये नज़रें ,
पर ये प्यार तो नहीं है ना ?

हाँ माना कि ,
तेरी ही तारीफ़ का ,
रहता हर वक़्त इंतज़ार मुझे ,
पर ये प्यार तो नहीं है ना ?

हाँ माना कि ,
जब ख़ामोश हो जाये तू ,
तो सब कुछ ठहरा हुआ सा लगता है ,
पर ये प्यार तो नहीं है ना ?

हाँ माना कि ,
आदत सी होने लगी है ,
मौजूदगी की तेरी ,
पर ये प्यार तो नहीं है ना ?

हाँ माना कि ,
तुझे सोच कर ,
बेवक़्त मुस्कुराने लगते हैं ,
पर ये प्यार तो नहीं है ना ?

4. ख़ौफ़ आता है

हालातों से नहीं , बहर-हाल ;
मुलाक़ातों से
ख़ौफ़ आता है ।

मुखौटों के पीछे छुपे ,
असल जज़्बातों से
ख़ौफ़ आता है ।

कड़वी तो सब बातें करते ही हैं ,
उन्मे भी मिठास ढूँढने की ,
अपनी इस आदत से
ख़ौफ़ आता है ।

5. पारिज़ात

आस - पास फिर सब हरा है ,
आँगन ये सारा एक बार फिर ,
बिखरे पारिज़ात से सजा है ।

महक इनकी खींच ले जाती हैं,
बरसात में भी उसी बंजर की याद दिलाती है,
तेरे जाने पर जो ठहर सा गया है ।

अक़्सर तन्हाई में, नाकाबिल इस दुनिया की लड़ाई में ;
बारिशों जैसे चली आती हैं,
यादें तेरी इस कमबख़्त जुलाई में ।

6. भीगी रातें

तुझ से भी हो बशर ये फ़िज़ाएँ,
अघोष में ले अपने ,
क्या ये हवाएँ गुज़र रही होंगी ?

बारिश की ये बूँदे ,
इतने मज़े से इतराते,
क्या तुझे भी भिगा रही होंगी ?

जितने मर्तबा चाहा तुझे ,
कितने मौसम गुज़ारे बेक़रारी में ,
एक दफ़ा तो , तुझे भी याद हमारी आई होगी ।

मौसम हो आया है आशिक़ाना यहाँ ,
क्या तेरे वहाँ भी ,
कुदरत इतने हसीन मंज़र सजा रही होगी ?

7. फ़ासला

ना जाने क्यूँ, आज भी ;
ये तिश्नगी है ?

तेरे ना होते हुए भी ,
तू हर कहीं है ।

यादें बरसों पुरानी,
झिलमिला आती आँखों के आगे ।

जैसे चन्द लम्हों में समाई,
सारी ज़िंदगानी हो ।

इतना फ़ासला है तो ,
ये आलम है दिल का ;

सोचो अगर नज़दीक होते तो ,
कैसा क़ौहराम उठता हर दफ़ा ।

8. अकेली: एक चाय की प्याली

किसी एक रोज़ , ग़ुम ख़यालों में कहीं ;
सुकून भरे शाम , आँगन में यहीं ;
इत्मिनान से बैठे , भाप को ग़ौर से देखा ।

ढलते सूरज को जैसे इंतज़ार हो किसी का ,
इन थकी - झुकी पलकों की तरह ,
शायद यार कोई बिछड़ा हो उसका !

देख चिड़ियों को लौटते अपने आशियानों में ,
और तितलियों को चैन से सोते अपने पंख समेट,
सभी अपने जोड़ों में , खुश है मामूली ज़रूरियातों से ।

चुस्कियों से धीमे - धीमे ,
घटते इस चाय की तरह , उम्र भी ;
यूँ ही कटती जा रही बेजान सी तेरे बिना ।

अधूरी इन ख़्वाहिशों में ,
बेचैन दिल की उलझी सी साज़िशों में ,
कितनी शामें शब में ढल गए ।

बादलों के तब्दीली के खेल में,
और चाय से उठते भाप के मेल में ,
तेरी तस्वीर अब भी नज़र आती है ।

ढलते सूरज की तरह गुलाबी आसमान में ,
काश तू भी दिखे , पहले सा हुबहू;
चाहे दूर ही सहीं , किसी ख़्वाबों के जहाँ में ।

9. मुनासिब

तुझे एक हसीन धोका समझ ,
भुला देना ही मुनासिब है ।

मेरी इन नादानियों का ,
थम जाना ही मुनासिब है ।

मैं जो तेरे हर लफ़्ज़ को ,
हक़ीक़त समझने की भूल कर बैठी ।

सच्चाई सामने रहते भी ,
उसे अनदेखा करने की भूल कर बैठी ।

हाथ आया ही क्या ?
चंद नासफ़ल ख़्वाबों के सिवा !

और आना भी था क्या ?
इन बेफ़िज़ूल बातों के सिवा !

उम्मीद रखना भी ,
एक अहमकाना कोशिश है ।

जब आवाज़ कुछ और आये,
सुनना कुछ और चाहे ,
तो आख़िर कहाँ बची कोई गुंजाइश है ?

10. मुसाफ़िर

ढलती शाम को ,
एक मुसाफ़िर लौट आया है ।

कश्ती में होके सवार,
वो मंज़िल से भटक सा गया है ।

ख़्वाबों की बेपनाह क़तार ,
लेकर हुआ था रवां।

पर झोली इस बार भी ,
यूँ ही ख़ाली लौटा लाया है ।

महफ़िलों की तलाश में था ,
बेवजह ही हताश लौट आया है ।

हमजोली की खोज में था ,
महज़ , बेगानी यादों का क़ाफ़िला साथ लाया है ।

11. अश्क़ों के सिवा

रात की तन्हाई में ,
शोर - शराबे से दूर ,
चाँदनी की अंगड़ाई में ,
कौन रहता है साथ ?
इन अश्क़ों के सिवा ?

टूटते माज़ी की गूंजती आवाज़ें ,
रह गए माज़ी की बेनाम क़ब्रें ,
तमाम दुआओं की अनसुनी इल्तिजाएँ ,
कौन है इनका साथी ?
इन अश्क़ों के सिवा ?

अंदर उठते सैलाब में ग़ुम,
नज़र में न आये जब कोई हमदम ,
तहरीर की लकीरों से हार के ,
इस बेरहम ज़माने के जुल्म गुज़ार के ,
*क्या बचता है **इन अश्क़ों के सिवा ?***

आख़िर में इस जग - रुसवाई से हार के ,
टूटे दिल के टुकड़े समेत के ,

कौन , इन आँखों को नम कर ;
हल्का कर देता है बोझ को मन के ?
इन अश्क़ों के सिवा ?

12. अल्फ़ाज़

अल्फ़ाज़ कम पड़ जाते हैं,
पर ख़्यालों की कमी नहीं है ।

वक़्त कम पड़ जाता है ,
पर ख़्वाबों की कमी नहीं है ।

कोशिशें कम पड़ जाती हैं ,
पर दुनिया में सवाबों की कमी नहीं है ।

ख़ामोश हैं ज़ुबान से ,
पर मस्तिष्क में आवाज़ों की कमी नहीं है ।

13. हल

दूसरों के ख़याल जब,
ख़ुद पे सवाल उठाये ।

एकांत में बैठे भी ,
जब हरदम शोर सताये ।

चाहतों का ज़िम्मा जब ,
नामुंकिन सा नज़र आये ।

क्या करे कोई जब ,
मुसलसल ये सिलसिला चलता जाये ?

ऐसे में मुझे बस ,
एक उपाय समझ आये ।

ख़यालों के असमंजस को ,
ये कलम ही सुलझाए ।

हल ना सही इन मुश्किलों का ,
मन ही बहल जाये ।

शब्दों के ज़रिये अब ,
एक नयी मंज़िल नज़र आये ।

14. मख़मूर

तेरा बेवक़्त ख़्यालों में आ सताना ,
समझ से परे है , पेचीदा ये फ़साना ;
तमाम कोशिशें कि भुलाने की ,
नज़र अन्दाज़ कर मन को बहलाने की ।

कहने को तो नफ़रत बेशुमार होती है ,
पर ये तकरार कुछ और ही मतलब संझोती है ,
मुताज़द है वो हर मायने में ,
फिर भी ये वाबसतगी क्यों महसूस होती है ?

गुम किसी के ख़्यालों में ,
हर दम उठते सवालों ने ,
मुझे गिरफ़्त में कर लिया है ,
ज़हन की इन बेईमान आवाज़ों ने ।

पहेली जैसे कोई अधूरी छोड़ गया हो ,
राज़ अधूरा कह के , चुप्पी साध ली हो ;
आग़ाज़ कर दिलचस्प दास्तान का ,
रोमांचक एक मोड़ पर ख़ामोश हो गया हो ।

बिना नशे मख़मूर होने लगी हूँ,
कश्मकश में उलझ के रह गई हूँ,
बेगाना लगे हर ख़याल अब,
और जीना भी मुहाल सा लगता है।

15. ज़मीर की आवाज़

आईने में एक तस्वीर दिखती है ,
छलनी कर वो मेरे ज़मीर को ,
बेपरवाह बेरहमी से क़ुरेदती है ।

लगातार वो , एक ही सवाल दोहराती है ;
ये दुनिया क्यूँ,
सच्चाई को हर दफ़ा झुठलाती हैं ?

क्यों एक फूल को ख़ूबसूरत तो ,
दूसरे को खरपतवार वो कहती है ?
एक को गले से जा लगा , दूसरे को ;
जड़ से खींच उखाड़ फ़ेक देती है ?

ज़रूरी तो नहीं ,तुम्हारा ही नज़रिया सही हो !
की ,बस एक ही ज़रिया चुनने की मंज़ूरी हो ।
हर कोई क्यों पाबंध है इस ज़माने के ?
कोई भी क्यों नहीं क़ामिल अपने सलीक़े से ?

एक बार तो , दिल की भी सुन के देखो !
इन मज़हबी नफ़रतों से बाहर निकल ,

इंसान बन के ,
दूसरों को इंसान समझ के देखो !

एक मर्तबा ही सही ,
अपनी सोच का , सही इस्तेमाल कर के देखो !
फिर कैसे ये ,
अदावतें फैलाने वाले फ़तह कर पाएँगे ?

आख़िर कैसे झुठला सकते हो ?
किसी की दर्द भरी कराहें ।
कैसे बहला सकते हो ?
अपने पत्थर दिल को किसी बेतुके बहाने।

हर कोई , किसी ना किसी ख़ुदा को जवाबदेह है !
फिर ये दिखावटी - मुख़लिस हरकतों से ,क्यूँ ना पलट के देखो ?
एक मर्तबा , इंसानियत अपना के ,
ख़ुशी को सीने से लगा के देखो !

16. पतझड़

पत्तियाँ छोड़ टहनियों को अपनी ,
हवाओं से इश्क़ लड़ाने लगी हैं ।
सर्द - सूखी हवाओं ने ,
एक बार फिर इस तरफ़ ,
रूख़ अपनी कर ली है ।

फूलों से कम नहीं है ,
ये टूटते बिखेरते पत्ते ।
इन्ही ने तो सारे ज़माने का ,
अकेलापन ओढ़ आज ,
गिर जाने का तय कर लिया है ।

कुदरत का ये नज़ारा भी ,
कितना मनमोहक सा लगता है ना ?
शाख़ों से बिछड़ते ये लहराते हुए ,
हर किसी को कुछ और ही हैं नज़र आते ;
किसी के लिए बस ख़ुशनुमा हर यादें,
तो किसी के पुराने भरे ज़ख़्म भी हरे कर जाते ।

17. बचपन

न उल्फ़तों का समा था ,
न किसी की उम्मीदों का बोझ ;
न फ़िक्र थी , न फ़र्ज़ था ;
न किसी बात का कोई हर्ज़ था ।

मन करता है , कि एक दफ़ा फिर ज़िंदगी जी लें;
आज फिर बचपन जी लें।

दौड़ते- भागते तमाम् दिन गुज़र जाए ,
खेलते - कूदते हर पल सिमट जाये ।

फिर उस दुनिया में हम चलें,
जहां दिन का आग़ाज़ ,
चिड़ियों की चह-चह-हाहट् से ;
और कौआ रात का पहगाम सुनाता था ।

माँ के आँचल में फिर हम छुप लें,
उस ममता भरे दुलार को फिर एक बार जी लें।
रंग–बिरंगे ख़्वाबों की ऐसी एक दुनिया ,
जहां मधुर भीनी ख़ुश्बूओं से सारे ग़म भुला दें।

एक बार फिर मन करता है ,
आज दोबारा बच्चे बन जाएँ,
आज फिर बचपन जी लें।

18. फ़रिश्ता

शक था मुझे एक अरसे तक,
के इंसान नहीं हो आप ।
हक़ है मुझे मानने का,
की फ़रिश्ता हो आप ।

सारा ज़माना जब मायूस करे,
गोद में अपने लेकर,
बस आपने महफ़ूज़ किया ।
आंसू जब भी बहने लगे,
आपने ही तो उन्हें क़ीमती कह चुप करा दिया ।

ये घर, घर नहीं लगता माँ,
सारे नज़ारे सूने लगते हैं।
फ़क़त आप होते नज़दीक,
बिना इमारत भी गुज़ारा हो जाता माँ ।

चाहे कभी चोट लगे, या ख़ुद से ख़फ़ा हो जाऊँ;
हर दफ़ा बस आप याद आती हो माँ ।
दहलीज़ पार करते ही,
बस एक गूंज - माँ कहाँ हो ?

आज भी यही निकलता है माँ ।

मामूली शख़्स नहीं ,
मुहाफ़िज़ हो आप ।
मेरे ख़्वाबों का , मेरे अस्तित्व का ;
वाहिद सहारा हो आप ।

19. दायरे

बहुत ज़ोर था ख़्वाबों का दूर तलक़,
बहुत शोर था सन्नाटों का हर तरफ़ ।

मगर इस ज़ालिम दुनिया ने उन्हें तोड़ दिया ,
बेवक़्त उठ रहे सवालों ने झकझोर दिया ।

चाहत तो बहुत थी उड़ने की मगर ,
इन कमबख़्त चलती हवाओं ने रोक लिया ।

कहने को तो , सब खुले ख़्याल के हैं ;
मगर दायरे इनके पिंजरे से भी तंग मिज़ाज हैं।

मसला दरअसल बेतुक़े बंदिशों से है ,
ना कि राह की इन मामूली गर्दिशों से है ।

जुल्मों को मिटाने एक ही परिंदे की आज़ादी की देरी है ,
फ़तह हासिल करने , बस एक समझौते को कुचलना ज़रूरी है ।

बस एक हाथ थामने की देरी है ,
क्या तुम में वो दिलेरी है ?

फिर बरसों की साज़िशों से बने ,
ये तख़्त-ओ-ताज ढह जाएँगे ।

और बिना हवाओं के ज़ोर के ,
ये बुज़दिल ख़ुद-बा-ख़ुद थम जाएँगे ।

20. मंज़िलों का मोड़

ये टेढ़ी-मेढ़ी लकीरें ,
बचपन से पीछे पड़ी हैं मेरे ,
पहले ना ढंग से खींचना आया ,
अब शुमार हो शरीर में सता रही हैं।

हिस्से कर वज़ूद के मेरे ,
बदनुमा बेहद कर देती हैं ,
हारे से इस हौसले के,
सैकड़ो टुकड़े और कर देती हैं।

हस्ते-हस्ते रुक जाती साँसे,
झुक के बाज़दफ़ा ऐसा लगा ,
रह ही गई हों कुछ अधूरी आहें ,
धड़कनों की तरह , इनपे भी मेरा बस नहीं ।

कभी -कभी बिस्तर में पड़े,
मैंने अकेले में सुना है ,
अपनी चीख़ों को सन्नाटों में बदलते ,
ज़िंदा हो के भी , देखा है मैंने मर के ।

कई सपने क़ुर्बान हो गये ,
देखे - अनदेखे ना जाने कितने ,
बेहद अज़ीज़ ख़्वाब मेरे ,
रेत की तरह हाथ से छूट गये ।

दुनिया की नज़रों में सब मामूली है ,
इंसान ज़िंदा चलते-फिरते दिखे सबको ,
फिर कहाँ कुछ और ज़रूरी है ?
जिस्म चलता रहे अगर , तो रूह की किसको पड़ी है ?

21 . रुस्वा

किसे करे रुस्वा जहान में ?
एक और वो , जो वाक़िफ़ हर अक्स से मेरे ।

तो दूसरी ओर वो ,
जो जायज़ भी नहीं लगा मिलके ।

नयी पोशाक पहन ,
ठेस पोहचा दिया जाये ख़ुद को ;

या मख़मल सी फ़ॉल लपेट,
बदसूरत बदगुमान लगे सबको ?

मायने इस फ़ैसले के भी ,
कुछ गहरे रंग बिख़ेर देते हैं।

रौशनी डाल परवरिश पे ,
अनकहे कई सवाल पूछ लेते हैं।

असल मसला दिखावा है जनाब ,
बस किसके सामने कितना अच्छा आप कर लेते हैं!

और फिर उसकी पेशकश,
किस सूरत में अपने ज़मीर को बहला लेते हैं ।

है रीत पुरानी दुनिया की ,
ये हर हाल आपको ही क़सूरवार ठहराती है ।

बेहतर यही की ख़ुद को तसल्ली,
औरों की चाहे जितनी भी शान जाती है !

22. ख़ुद से रिहाई

कोई आज़ाद करे मुझे इस मोहब्बत से ,
तंग हूँ मैं बेक़ाबू इन आवाज़ों से ।
अगर बंद भी कर लूँ आँखें ,
ये नज़ारे नहीं थमते एक पल भी ।

कोई हिफ़ाज़त करे मेरी , अपनी ही शख़्सियत से ;
ख़यालों के उठते इस बवंडर से,
जज़्बातों के गहरे इस समंदर से ,
खाते जा रहे हैं ये मुझे अंदर से ।

कोई आबाद करे दिल के इस बंजर को ,
जिसका कोई माली नहीं हुआ कभी ।
अब तक मैं ही कुरेदती आयी हूँ पुराने ज़ख्मों को ,
आंसुओं से ही नम करती आयी हूँ इस ज़मीं को ।

कोई नाकाम करे मेरी इन बुरी हसरतों को ,
के ये बिलकुल सुनते नहीं दिमाग़ की ,
ज़िद्दी हैं, अड़ियल हैं, नहीं ये नर्म मिज़ाज के ;
हैरान कर दिया है मुझे , अब मैं इनसे परेशान सी ।

23. समझः एक नाकाम तलाश

बड़ा अलबेला है समझ का ये नाता ,
उम्र भर तलाश तो इसकी हर कोई करता ,
पर जब मिलता तो केवल दुख ही दे जाता ,
ग़लत- सही दुनिया का हिसाब देख बस जी मचलाता ।

जब मुखौटों के पीछे की असल शक्ल दिखती ,
मीठी-मीठी बातों की जब ,सौ-सौ परतें खुलती;
अच्छा - बुरा , कौन है किसका , सब एक सा लगने लगता ;
तब कहते हैं समझ से हो गया समझौता ।

बेफ़िक्री की ज़िंदगी जब ख़्वाब लगने लगे ,
रोज़-मर्रा की भाग-दौड़ जब आम लगने लगे ,
चार लोगों की बातें जब बर्बाद लगने लगे ,
तब जाके कहीं , किसी को ज़िंदगी समझ आने लगे।

किताबों के पन्ने कहाँ ये सब समझा पाते हैं ?
ये वो अनमोल सबक़ हैं , जो बस तजुर्बे ही सिखलाते हैं।
उम्र के पाबंद नहीं , हालातों की ये बातें;
सहीं- ग़लत के फ़ैसले बख़ूबी ये समझाते।

जीतने नज़दीक होते दिल के ,
उतने ही तेज़ धोकों के काँटे चुभते,
तलाश में सब सवालों के जवाब के ,
ना जाने कितने ज़ख़्म , ये मासूम यादों में पिरोते !

24. दिल-ए-नादान

***दिल-ए-नादान**, क्यूँ तू ख़ुद को अज़ीयत देता है ?*
ज़िंदगी की हक़ीक़त से ,क्यूँ तू वाक़िफ़ नहीं रखता है ?
मुखौटों के पीछे तू भागा करता है ,
क्यूँ अपनी मोहब्बत ग़ैरों पर रुसवा करता है ?

***दिल-ए-नादान** , तू क्यूँ ख़ुद में जलता है ?*
जो नाक़ाबिल है , उसी पर हक़ अदा करता है !
क्यूँ बाज़ दफ़ा गिर के भी , उसी मोड़ तू रूख़ करता है ?
आज़माइशों का गिला तू उसी से करता है ,जो अता करता है !

***दिल-ए-नादान** , तू क्यूँ नहीं उसे भुलाता है ?*
जो तेरा कभी ना हो सका , क्यूँ उसी से वफ़ा करता है ?
जो शक्स बहक़ावे में आ , हर दफ़ा तुझे मायूस करता है ;
क्यूँ तू उसपे अपना क़ीमती वक़्त ज़ाया करता है ?

ठोकर खा के बारम्बार , कुछ क्यूँ नहीं तू सीखता है ?
वक़्त के तक़ाज़ों से क्यूँ तू बेवजह लड़ता है ?
ख़ुदगर्ज़ों के इस जहान में , क्यूँ तू पाक़ीज़गी की उम्मीद करता है ?
निस्बतों के साये में उनकी नफ़रतों को अनदेखा करता है !

रफ़्तार से बहता पानी भी जब पत्थर काँट देता है ,
तू क्यूँ नहीं इन बहते अश्क़ों से , अपने ज़ख़्म तराश्ता है ?
और उन्हें हथियार बना अपनी जंग का ऐलान करता है ,
क्यूँ ना, आज अपने आप पर यक़ीन कर एक ख़ुशनुमा आग़ाज़ करता है ?

25. ज़ावेदाँ चाँद

तू है ज़रिया इक़रार का ,
तू है सिला इस तन्हाई का ।
आधी वजह मेरे जुनून की ,
पूरी करता कहानी हर सुरूर की ।

दिखते ही लबों पे लाता मुस्कुराहट ,
ख़ामोशी सुन आँसू पोछता बिना किसी नसीहत।
मेरे लहज़े की परख है तुझको ,
मेरे लफ़्ज़ों की समझ है तुझको ।

मेरे अनकहे अल्फ़ाज़ जैसे तू ही बुनता ,
इस बेज़ुबान जिस्म की गहराइयों सुनता।
तेरी रौशनी में लिखती हूँ ,
लिखावट सा है तू मेरी ।

कभी लकीर सा दिखता है ,
कभी पूरा हर पहलू तेरा ।
ख़लाओं की तरह रातों में चमकता ,
इस सफ़र में तू ही मुकम्मल सा लगता ।

मेरे ख़्वाबों की फ़िक्र तुझसे ,
मेरी रंजिशों का ज़िक्र तुझसे ।
चकोर जैसे मैं तुझ पे फ़िदा बेपनाह;
और तू इस जहान सा , बेख़बर बेइंतहा।

कभी तेरी वो भीनी सी चमक बारिश में ,
कभी सुनहरी सी कसक सर्द हवाओं में ।
किसी गर्मी की शाम को सुनता मेरी दास्तान ,
तो किसी ठंड की सुबह की अधूरी ख़लिश सा ।

मेरे एहसासों के घर जैसा बन गया तू ,
इन हसरतों की सज़ा सा बन गया तू ।
हिस्सा लगता ज़िंदगी की इस कहानी का ,
क़िस्सा असल में तू इस जावेदाँ जहान का ।

26. मैं

इस झिलमिलाते पानी में,
झलकती हुई तस्वीर मेरी है,
और अल्तमाश की वो,
बहकाती चाँदनी भी मेरी है।

इन फ़िज़ाओं की लहरों में,
और मज़े से झूमते,
डालियों की इन अटखेलियों,
में भी मैं हूँ।

इस कहानी की, राज़दार हूँ मैं;
और दास्तान को, लिखने वाली भी मैं।
इन बादलों की काली घटा हूँ मैं,
उन से बरसते बूँदों का ज़ोर भी मैं।

इस गाने को सुनती भी मैं हूँ,
और हर एक धुन को बुनती भी मैं।
हर लफ़्ज़ है मेरे,
सारे साज़ भी मेरे।

बिखरे इन पत्तों की ,
चादर में शुमार मैं ।
और हवाओं के झोंकों से ,
अपने वजूद से बिछड़ती भी मैं ।

मैं वो राग हूँ जो कभी ना हो ख़त्म ,
मैं समंदर की गहराई हूँ ,
बहते झील का वेग भी मैं ।
ऐसी तिशनगी ,जिसकी तलब ना हो पूरी कभी ।

मैं ख़ुद ही शम्मा हूँ ,
लपेटों में झुलसता परवाना भी मैं ।
ये मेरी ही दिल्लगी है ,
इसका मयस्सर भी ख़ुद मैं ।

www.ingramcontent.com/pod-product-compliance
Lightning Source LLC
Chambersburg PA
CBHW070648240926
51846CB00003BA/824
9789373146799